Cendrine Armani

Animaux protégés en pompons

Notices scientifiques de
Gaëtan du Chatenet
Membre correspondant
du Muséum national d'Histoire naturelle

Éditions Didier CARPENTIER

Matériel et fournitures

1 - des pelotes de laine de 50 g de différents coloris
2 - du fil de fer de diamètre 1 mm
3 - une paire de ciseaux
4 - une pince coupante
5 - une pince à bouts plats
6 - des formes à pompons en plastique pour confectionner des pompons ronds (reportez-vous aux indications du fabricant pour les utiliser)
7 - des yeux et des nez à coudre ou à coller
8 - des brins de fil chenille
9 - de la feutrine fine et de la feutrine épaisse
10 - de la colle universelle
11 - une aiguille de tapissier
12 - un scalpel

Non photographiés
du carton rigide de 1,5 mm d'épaisseu
des feuilles de papier-calque
un crayon à papier
un compas
un crochet

Généralités

Les gabarits

Les gabarits sont réalisés dans du carton rigide d'environ 1,5 mm d'épaisseur.

Décalquez la forme du gabarit choisi *(voir pages 34 et 35)* et reportez-la sur le carton.

Procédez ensuite au découpage avec le scalpel.

Les pompons ronds

Ils sont confectionnés à partir de gabarits ronds découpés dans du carton rigide ou bien avec des formes à pompons en plastique vendues dans le commerce.

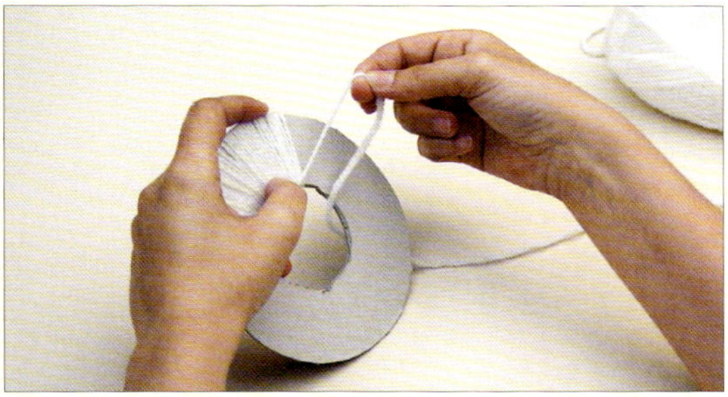

1 Passez la laine sur toute la circonférence du gabarit. Faites plusieurs épaisseurs. Le nombre de tours varie en fonction de la densité souhaitée.

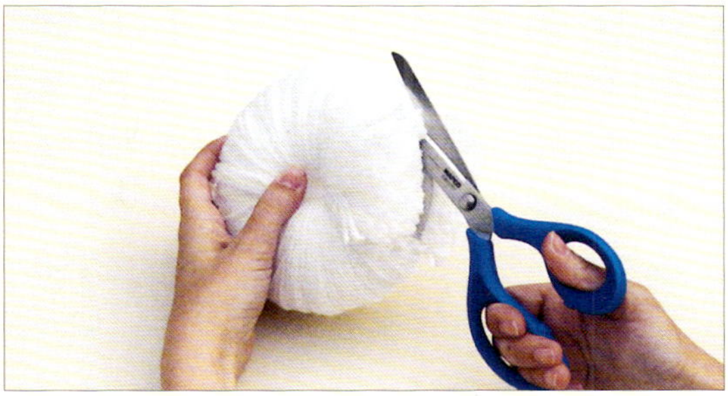

2 Coupez la garniture, à l'aide de la paire de ciseaux, en suivant le bord extérieur du gabarit.

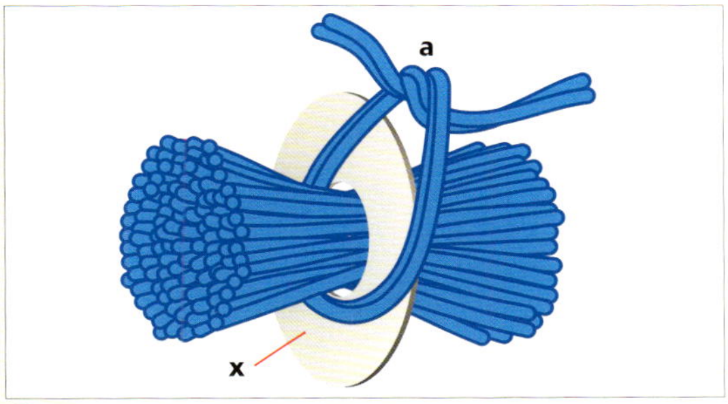

3 Attachez les fils du pompon le long du gabarit **x** avec un fil de laine en double, en faisant un double nœud **a** bien serré.

4 Retirez le gabarit et taillez le pompon avec la paire de ciseaux pour égaliser les brins ou pour donner une forme particulière.

Assemblage de pompons ronds

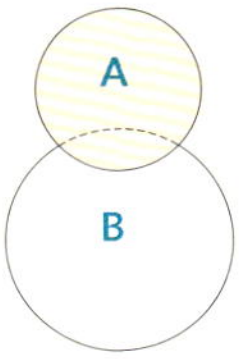

Coupez un brin de laine d'environ 30 cm de longueur et faites un nœud à une extrémité.

Enfilez l'aiguille de tapissier, piquez-la au cœur d'un premier pompon A, puis au cœur du second B. Tirez bien sur le brin.

Piquez de nouveau au cœur du premier puis du second pompon jusqu'à ce qu'ils soient solidement assemblés.

Faites un nœud et coupez l'excédent de brin de laine.

Assemblage d'un pompon rond et d'un pompon fuselé

Coupez un brin de laine d'environ 30 cm de longueur et faites un nœud à une extrémité.

Enfilez l'aiguille de tapissier, piquez-la au cœur du pompon rond puis entre les deux fils de fer de l'armature centrale du pompon fuselé. Tirez bien sur le brin.

Piquez de nouveau au cœur du pompon rond puis dans l'armature du pompon fuselé jusqu'à ce qu'ils soient solidement assemblés. Faites un nœud et coupez l'excédent de brin de laine.

Les pompons fuselés

1 Entourez régulièrement le fil autour du gabarit.

2 Coupez le fil à l'aide d'une paire de ciseaux.

3 Passez le fil de fer dans le haut de la fente centrale du gabarit.

4 Passez le fil de fer dans le bas de la fente de manière à emprisonner toute l'épaisseur de laine.

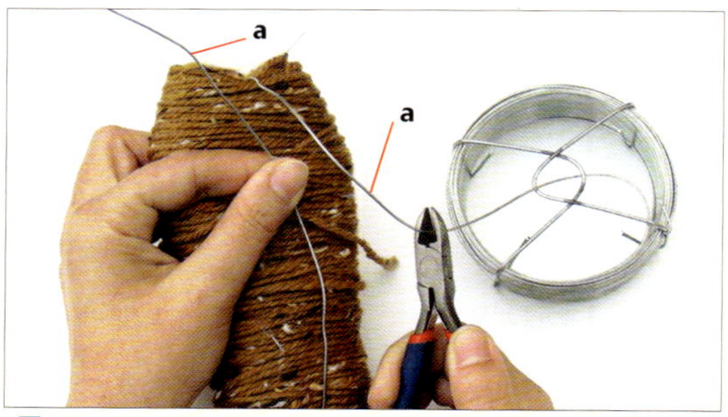

5 Coupez le fil à l'aide d'une pince en laissant une bonne longueur **a** qui servira à l'assemblage.

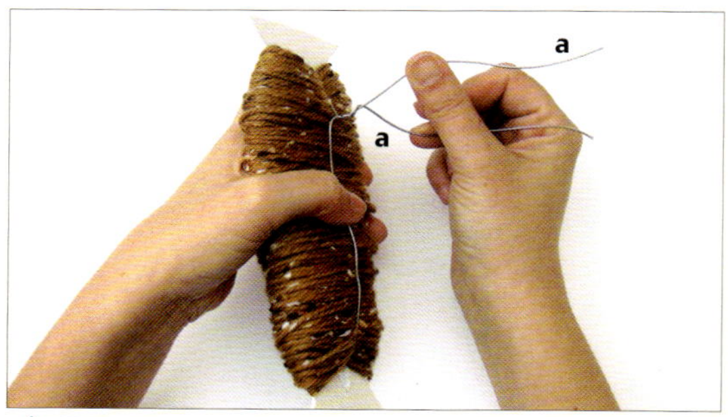

6 Torsadez les fils dépassant **a** sur 1 cm environ.

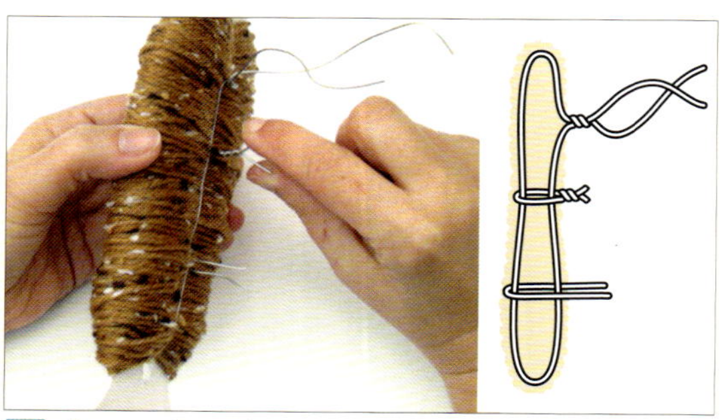

7 Coupez des petits morceaux de fil de fer et passez-les tous les 5 cm de part et d'autre de l'armature métallique. Torsadez-les et recourbez-les vers l'intérieur.

8 Coupez la garniture sur toute l'épaisseur en suivant le bord extérieur du gabarit.

9 Retirez délicatement le gabarit en passant le pompon par l'ouverture centrale.

10 Taillez grossièrement le pompon, en fonction de la forme voulue.

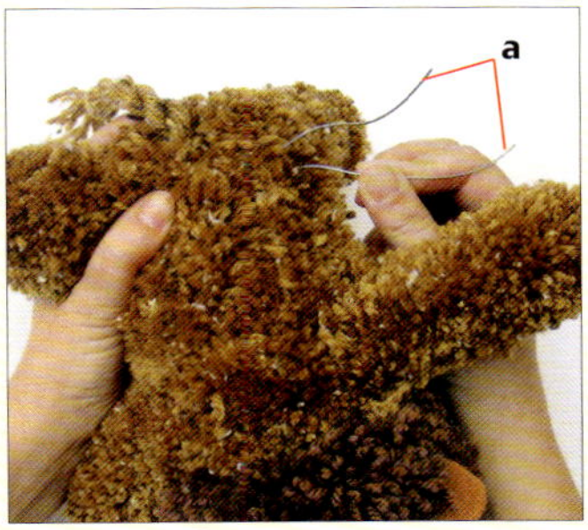

11 et 12 Procédez au montage en vous aidant du schéma de chacun des modèles *(voir ci-dessous* LE LION*)*. Reliez tous les pompons à l'armature du corps grâce aux fils **a** laissés en attente *(voir étape 5)*. Torsadez, coupez et recourbez les extrémités des fils vers l'intérieur du pompon.

13 Procédez à la taille finale, pour donner vie à l'animal. Terminez en collant les petits éléments (yeux, nez, oreilles…).

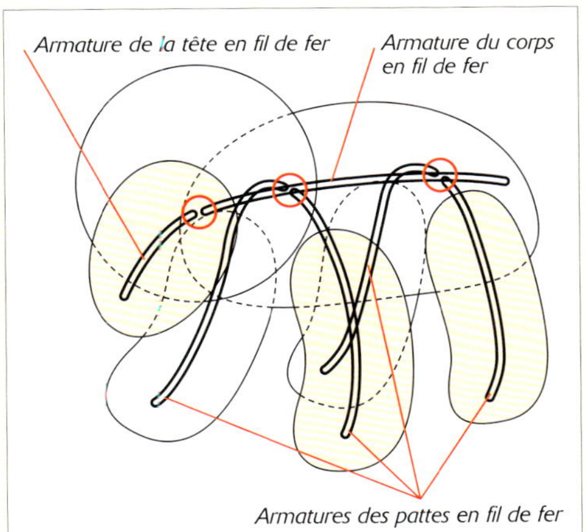

Schéma de montage du lion.

ATTENTION

Les animaux présentés dans ce livre sont uniquement décoratifs. Ils ne peuvent être confiés aux jeunes enfants à cause de leur armature métallique et de certains petits éléments collés ou cousus (yeux, nez, …) susceptibles d'être ingérés.

Assemblage de pompons fuselés

L'assemblage de 2 pompons fuselés peut se faire de différentes façons :

- soit en torsadant les fils de fer dépassant d'un premier pompon autour de l'armature centrale d'un second pompon
- soit en les cousant.

A- La première possibilité *(symbolisée dans les schémas par : ◯)* est utilisée lorsqu'il s'agit d'assembler une patte, une queue ou une tête au corps.
Cette assemblage représente ainsi une sorte d'« articulation ».

B- La seconde possibilité *(symbolisée dans les schémas par : ⬭)* est utilisée lorsqu'il s'agit d'assembler 2 pompons fuselés de manière parallèle, par exemple pour ajouter une tache (menton de l'écureuil), un ventre (singe, loutre, écureuil) ou pour obtenir une masse bicolore (corps et ailes du manchot, queue de l'écureuil).
Pour cela, placez les 2 pompons l'un contre l'autre et faites des petits points de couture tous les 3 cm en piquant l'aiguille au centre de l'armature de chacun des deux pompons (l'un tracé en noir et l'autre en bleu.

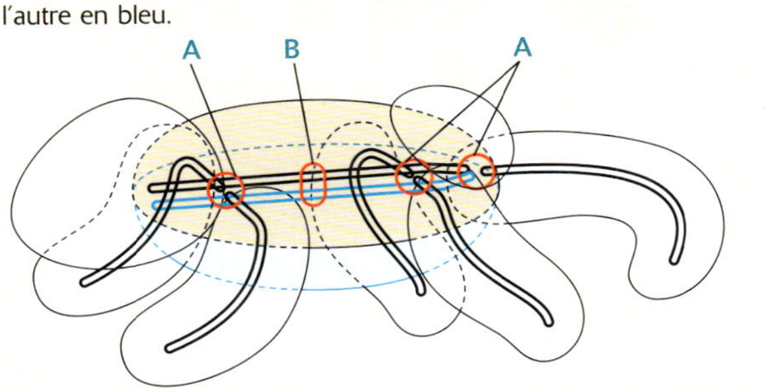

Le singe

Hauteur : 32 cm

Près d'un tiers des singes sont menacés d'extinction en raison de la destruction des forêts tropicales, du commerce d'animaux sauvages et de la chasse.

Sur les 394 espèces de singes connues dans le monde, 114 sont menacées d'extinction et ont été placées sur la liste rouge de l'UICN*, soit 29% de la population mondiale de singes.

Parmi les 25 singes les plus menacés figurent l'orang-outang, le gorille, des gibbons, des colobes et des atèles.

* *Union Internationale pour la Conservation de la Nature*

- *4 pelotes de laine marron et 2 beiges*
- *10 x 3 cm de feutrine fine marron*
- *9 x 2,5 cm de feutrine épaisse marron clair*
- *2 yeux noirs en verre de Ø 14 mm*
- *un nez en velours marron de 18 mm de largeur*
- *une aiguille de tapissier*
- *1 brin de laine noire, pour la bouche*
- *de la colle universelle*
- *du fil de fer de Ø 1 mm*

Ce modèle se compose de :
2 pompons ronds
6 pompons fuselés

Gabarits utilisés *(voir p. 34-35)* :
A *tête*
B *museau*
E *corps*
G *pattes*
I *tache sur le ventre*

La tête

Confectionnez-la en recouvrant 1/4 du gabarit **A** avec la laine beige et 3/4 avec la laine marron. Faites ensuite le museau **B** en beige. Assemblez ces pompons ronds en cousant le museau au niveau de la partie beige de la tête *(voir page 5)*. Taillez-les.

Reportez le patron de l'extérieur de l'oreille sur la feutrine marron et le patron de l'intérieur de l'oreille sur la feutrine beige. Découpez les formes et assemblez-les en les collant. Confectionnez une seconde oreille identique.

Cousez les yeux, les oreilles et collez le nez.

Cousez le brin de laine noire pour représenter la bouche.

Le corps

Faites le corps **E** en marron et la tache ventrale **I** en beige. Les pattes avant et les pattes arrière sont bicolores. Garnissez leur gabarit en beige sur 4 cm puis terminez en marron.

Cousez la tête au corps avec l'aiguille de tapissier et un brin de laine.

Assemblez les différentes parties du corps en vous reportant au schéma de montage ci-contre.

Recourbez les armatures métalliques pour mettre le singe en forme et procédez à une taille plus précise de l'animal.

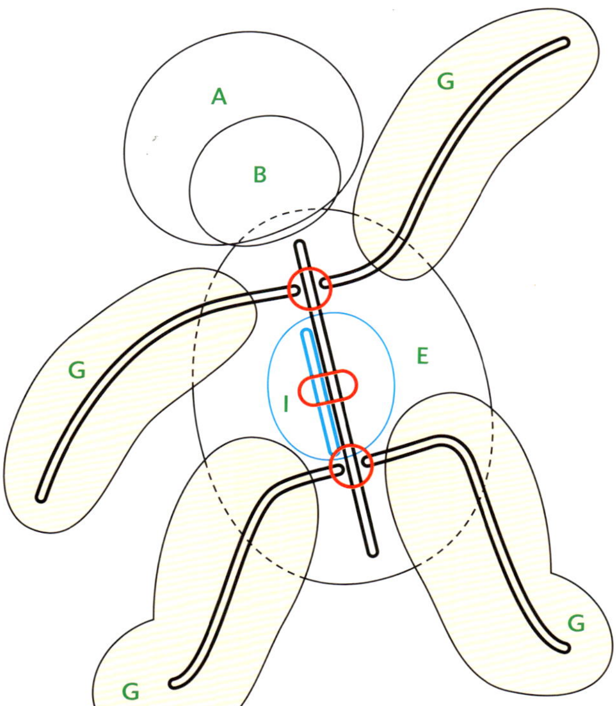

Schéma de montage

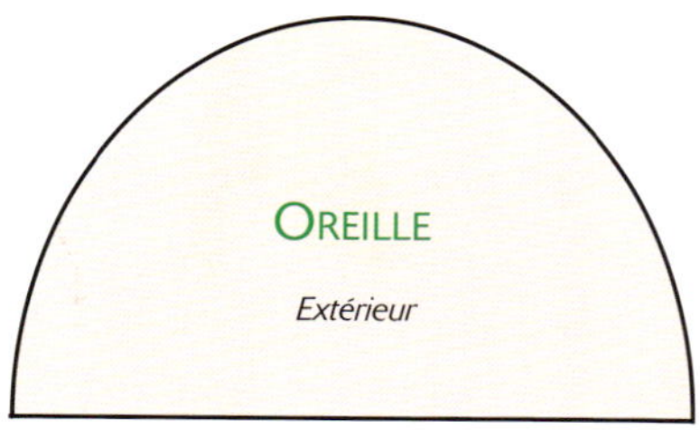

Patrons à taille réelle

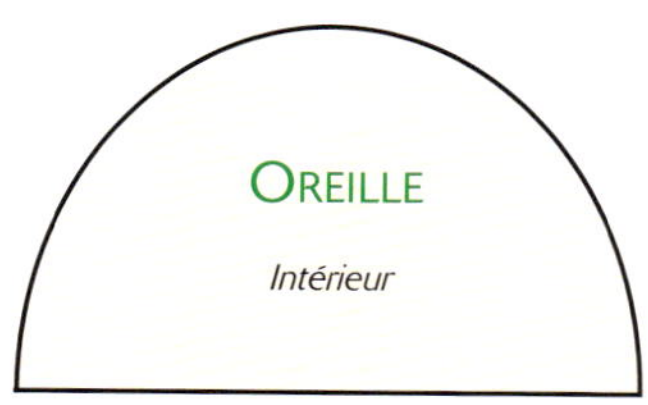

La loutre

Longueur : 48 cm

Entre 1930 et 1980, la chasse, le piégeage, l'assèchement des zones humides la pollution des cours d'eau et des étangs, l'augmentation de la circulation routière, avaient entraîné la disparition de la loutre dans une grande partie de la France.

La protection légale de la loutre, intervenue en 1981, puis, en 1994, l'interdictic des pièges, eurent un effet bénéfique sur cet amateur de poissons, à demi aquatique, qui, contre toute attente, a commencé à reconquérir, lentement et progressivement, les territoires désertés, d'abord les confins du Massif Central, puis les cours d'eau de la façade atlantique.

- *5 pelotes de laine beiges et 1 blanche*
- *6 x 3 cm de feutrine fine beige*
- *2 yeux noirs en verre de Ø 14 mm*
- *un nez noir en plastique de 33 mm de largeur*
- *un brin de laine noire, pour la bouche*
- *de la colle universelle*
- *une aiguille de tapissier*
- *du fil de fer de Ø 1 mm*

Ce modèle se compose de :
2 pompons ronds
7 pompons fuselés

Gabarits utilisés *(voir p. 34-35)* :
A *tête*
C *postérieur*
E *corps*
F *pattes avant et ventre*
G *pattes arrière*
K *queue*

La tête

Garnissez 1/4 du gabarit **A** avec la laine beige et 3/4 avec la laine blanche.

Reportez 2 fois le patron de l'oreille sur la feutrine beige. Découpez les formes.

Cousez les yeux et les oreilles. Collez le nez.

Cousez le brin de laine noire pour représenter la bouche.

Le corps

Faites le corps **E** et le postérieur **C** en beige puis le ventre **F** en blanc.

Confectionnez les pattes avant, les pattes arrière et la queue en beige.

Assemblez les différentes parties en vous reportant au schéma de montage ci-dessous.
La tête **A** et le postérieur **C** sont cousus au corps
(voir Assemblage d'un pompon rond et d'un pompon fuselé, *en page 5).*
Courbez les armatures des pattes, du corps et de la queue de manière à donner une attitude naturelle à l'animal.
Procédez à la taille finale.

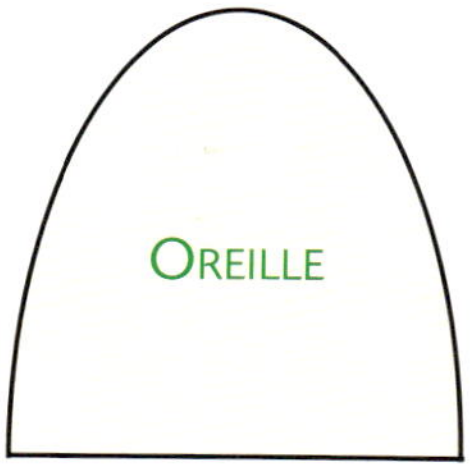

Patron à taille réelle

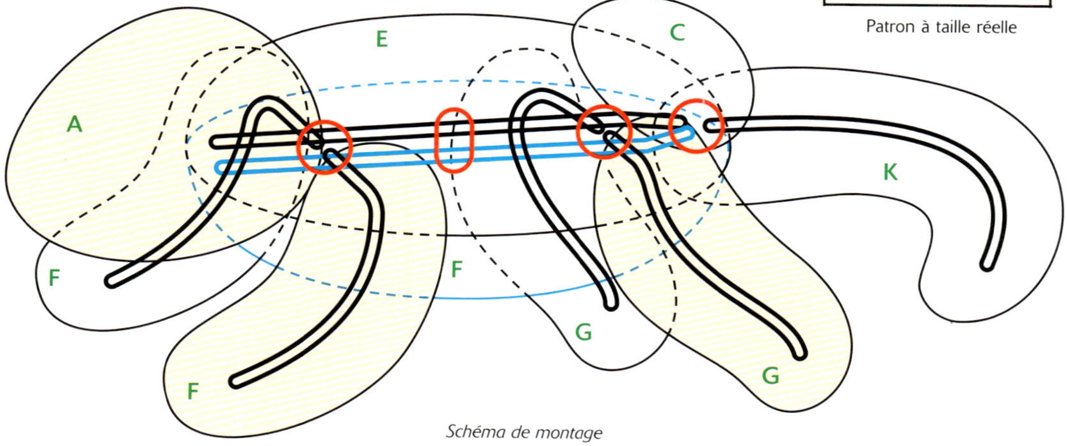

Schéma de montage

Le manchot

Hauteur : 26 cm

Toutes les espèces de manchots sont légalement protégées contre la chasse et la collecte des oeufs. Actuellement, sur les 12 espèces de manchots répertoriées sur la liste rouge de l'IUCN*, 7 sont considérées comme « vulnérables », 3 menacées et 2 en passe de le devenir.

Une pêche excessive, l'exploitation massive du krill, l'introduction par l'homme de nouveaux prédateurs, l'augmentation des populations humaines, la pollution, notamment les marées noires, et surtout le réchauffement du climat pourraient provoquer la disparition des manchots.

* *Union Internationale pour la Conservation de la Nature*

- *4 pelotes de laine blanche, 3 noires et 1 orange*
- *2 yeux noirs en verre de Ø 16 mm*
- *une aiguille de tapissier*
- *du fil de fer de Ø 1 mm*
- *un crochet*

Ce modèle se compose de :
1 pompon rond
10 pompons fuselés

Gabarits utilisés *(voir p. 34-35)* :
A *tête*
E *corps*
F *ailes*
I *bec et pieds*

La tête

Garnissez une première épaisseur du gabarit **A** avec la laine blanche. Continuez en blanc en garnissant une seconde épaisseur sur 1/4 de la surface et terminez en laine noire.

Le bec est bicolore. Pour cela, faites un premier pompon fuselé en enroulant le gabarit **I** avec de la laine noire puis faites un second pompon de la même manière avec la laine orange. Assemblez ces deux pompons fuselés *(voir page 7)* et taillez-les. Coupez l'excédent de fil métallique.

Cousez le bec ainsi obtenu, à la tête de l'animal. Cousez les yeux.

Le corps

Le corps et les ailes sont bicolores. Pour le corps **E**, confectionnez un pompon dans chacun des coloris noir et blanc puis assemblez-les entre eux.

Faites ensuite un pompon dans chacun des coloris pour chacune des deux ailes **F** et assemblez-les entre eux *(voir page 7)*.

Faites deux pieds **I** en laine orange.

Assemblez les différentes parties de l'animal en vous reportant au schéma de montage ci-contre.

La tête **A** est cousue au corps *(voir* Assemblage d'un pompon rond et d'un pompon fuselé, *en page 5)*.

Coupez un faisceau de plusieurs brins de laine orange, passez-le au travers de l'animal de part et d'autre du cou du manchot, à l'aide d'un crochet ou d'un autre outil, pour représenter deux taches. Procédez à la taille définitive.

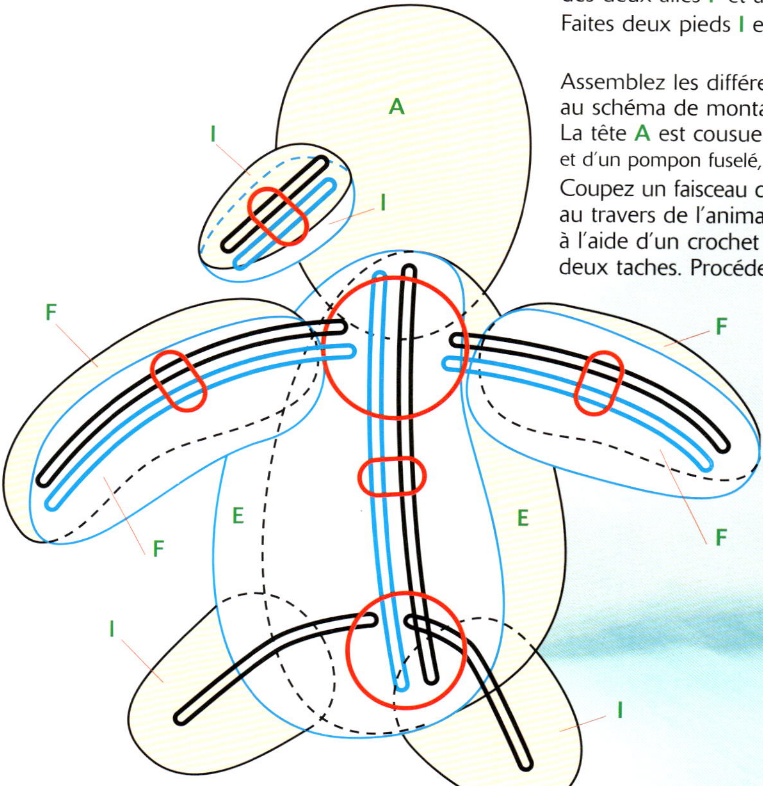

Schéma de montage

La réalisation du bébé ours blanc est expliquée en page 18.

Le lion

Hauteur : 21 cm (assis)

Le nombre de lions a diminué dans le monde entier au cours des vingt dernières années de 30 à 50% et seulement 16 à 30 000 lions vivent encore en liberté de nos jours.

Le lion africain a disparu sur plus de 80% de son ancien territoire.
Il est considéré comme « vulnérable » sur la liste rouge des espèces menacées de l'UICN*. En Asie, il n'y a plus que 200 à 300 lions, gravement menacés par la consanguinité.

* *Union Internationale pour la Conservation de la Nature*

- *4 pelotes de laine marron clair et 1 marron foncé*
- *de la laine blanche, pour le museau*
- *un brin de laine noire, pour la bouche*
- *5 x 2 cm de feutrine fine blanche*
- *6 x 2,5 cm de feutrine épaisse marron clair*
- *2 yeux ambre en verre de Ø 12 mm*
- *un nez en velours noir de 21 mm de largeur*
- *de la colle universelle*
- *une aiguille de tapissier*
- *du fil de fer de Ø 1 mm*

Ce modèle se compose de :
1 pompon rond
6 pompons fuselés

Gabarits utilisés *(voir p. 34-35)* :
A *crinière*
E *corps*
F *pattes avant*
G *pattes arrière*
H *face*

La tête

Garnissez le gabarit **H** en blanc sur 3 cm puis continuez en marron clair pour représenter la face de l'animal.

Garnissez le gabarit **A** de laine marron foncé pour représenter la crinière et laissez-le en attente.

Le corps

Faites le corps **E** en marron clair. Passez les fils de fer de l'armature du corps au centre du gabarit **A** (crinière) laissé en attente.
Torsadez les fils avec ceux du pompon destiné à représenter la face **H**.

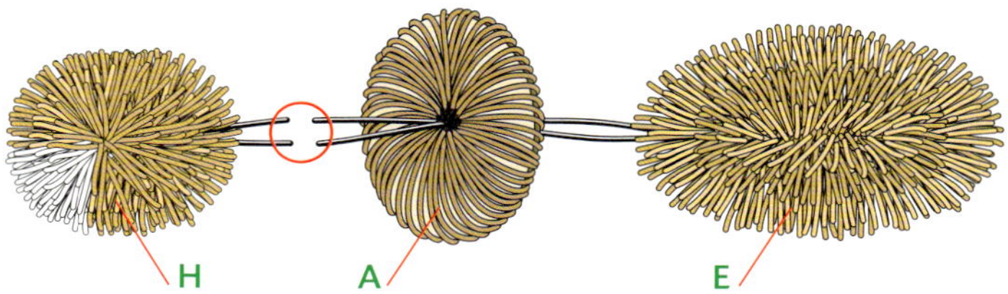

Coupez la garniture de la crinière *(voir photo 2 page 5)* et terminez le pompon. Coupez le gabarit **A** afin de pouvoir l'extraire.

Confectionnez les pattes avant et les pattes arrière en marron clair.

Coupez 8 brins de fil marron clair et faites une cordelière *(voir page 33)* pour représenter la queue.

Reportez le patron de l'extérieur de l'oreille sur la feutrine marron clair et le patron de l'intérieur sur la feutrine blanche. Découpez les formes et assemblez-les en les collant. Confectionnez une seconde oreille identique. Cousez les yeux, les oreilles et collez le nez.

Cousez le brin de laine noire pour représenter la bouche.

Assemblez les différentes parties en vous reportant au schéma de montage ci-contre.

Recourbez les armatures pour mettre le lion en position assise et procédez à une taille plus précise de l'animal.

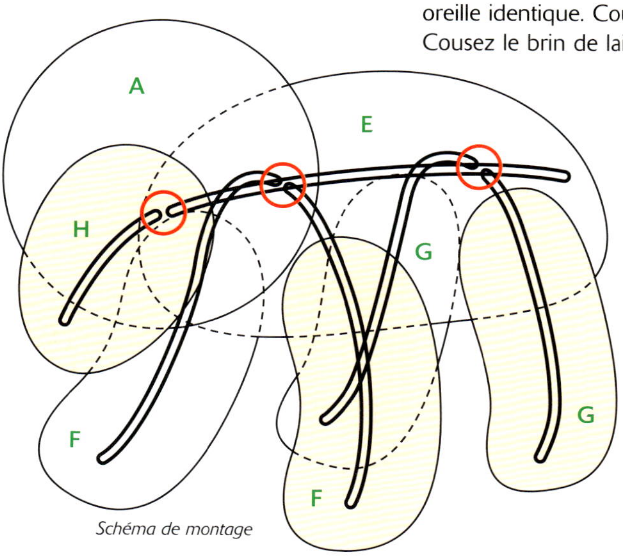

Schéma de montage

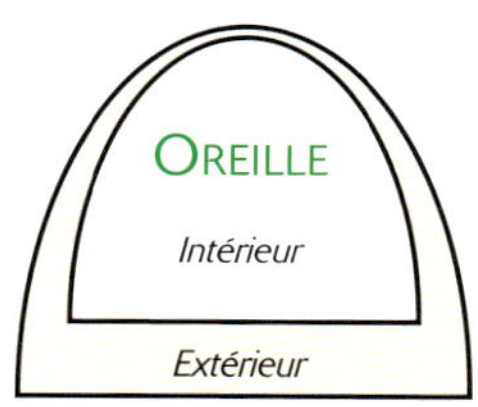

Patrons à taille réelle

Le caméléon

Longueur : 54 cm

Les caméléons se rencontrent surtout en Afrique, et plus particulièrement à Madagascar qui abrite plus du tiers des espèces du monde.

Ils sont bien connus pour leurs couleurs variées et surtout leur capacité à en changer rapidement. Il ne s'agit pas d'un mécanisme de camouflage mais une façon de faire connaître leurs humeurs à leur entourage : désirs, colère, maladie, soumission...

Les caméléons nains, plutôt terrestres, ont en général des couleurs brunes, alors que les espèces arboricoles sont plutôt vertes, jaunes ou bleues.

La législation qui concerne les caméléons est variable et leur commerce très réglementé. Certaines espèces ne sont pas ou peu protégées, d'autres le sont intégralement, comme le Caméléon d'Europe et d'Afrique du Nord.

Certaines espèces, telles que le caméléon nain épineux, sont menacées d'extinction.

À noter que la législation française impose désormais la possession d'un certificat de capacité pour élever la quasi-totalité des espèces, à part quelques-unes, très banales et qui se reproduisent facilement en captivité.

- *1 pelote de laine bleue, 1 turquoise, 1 vert foncé, 1 vert clair, 1 vert fluo*
- *2 yeux noir en verre de Ø 10 mm*
- *4 brins de fil chenille verts et 1 bleu*
- *une aiguille de tapissier*
- *du fil de fer de Ø 1 mm*
- *de la colle universelle*

Ce modèle se compose de :
2 pompons ronds
3 pompons fuselés

Gabarits utilisés *(voir p. 34-35)* :
D *globes oculaires*
E *corps*
H *tête*
K *queue*

La tête

Garnissez le gabarit **H** en mélangeant les coloris turquoise, vert clair, vert foncé et vert fluo.

Confectionnez deux pompons **D** avec les coloris bleu et vert foncé pour représenter les globes oculaires.

Cousez les yeux en verre sur les globes oculaires et cousez ceux-ci de chaque côté de la tête.

Coupez un morceau de fil chenille bleu et collez-le pour représenter la bouche.

Le corps

Faites le corps et la queue en mélangeant les coloris bleu, turquoise, vert clair, vert foncé et vert fluo.

Assemblez les différentes parties en vous reportant au schéma de montage ci-dessous.
Recourbez l'armature du dos et très délicatement, celle de la queue.
Réalisez les pattes avec les brins de fil chenille vert et fixez-les à l'armature du corps de l'animal.

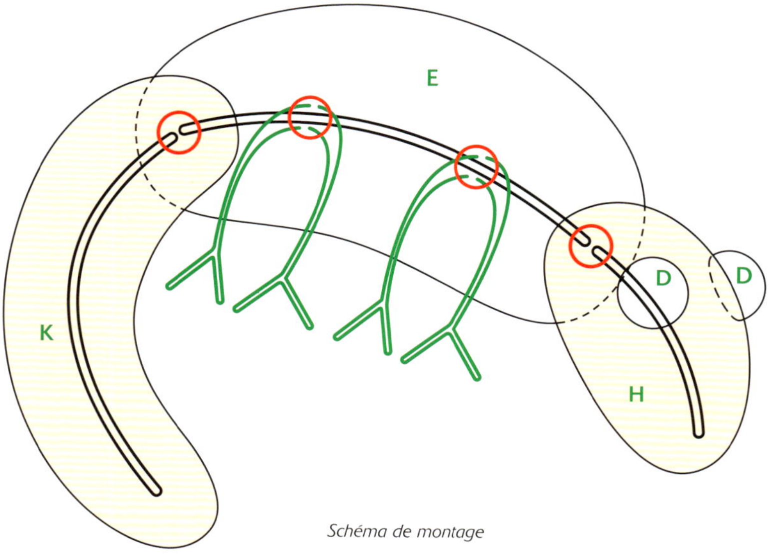

Schéma de montage

Le bébé ours blanc

Longueur : 30 cm

Pouvant atteindre 800 kg et une taille de 2 à 3 mètres, il est, avec l'ours Kodiak, l'un des deux plus grands carnivores terrestres.

L'ours blanc, ou polaire, habite les glaces qui entourent le Pôle Nord. Son habitat est donc limité à la banquise, car pour chasser les phoques, qui constituent sa nourriture principale, il doit avoir accès à la mer. Lorsque la glace fond en été, il ne peut chasser et il est contraint de vivre sur ses réserves de graisse.

Actuellement, le nombre total des ours polaires est de 20 à 25 000 que l'UICN* considère comme « vulnérables ». Dans les 50 à 100 prochaines années, avec le réchauffement climatique, les glaces disparaîtront entièrement du pôle en été. Les proies étant plus difficiles à atteindre, les ours se nourriront moins, se reproduiront plus rarement et auront des oursons plus petits, ce qui augmentera leur mortalité.

Si à cela s'ajoutent la pollution, l'exploitation du pétrole en Alaska, le braconnage en Russie, l'augmentation des quotas de chasse au Canada et au Groenland, l'ours polaire pourrait s'éteindre avant la fin du XXIe siècle, au cas où les mesures qui s'imposent ne seraient pas prises rapidement.

* *Union Internationale pour la Conservation de la Nature*

- *6 pelotes de laine écrue*
- *2 yeux noirs en verre de Ø 14 mm*
- *un nez en velours noir de 21 mm de largeur*
- *un brin de laine noire, pour la bouche*
- *de la colle universelle*
- *une aiguille de tapissier*
- *du fil de fer de Ø 1 mm*

Ce modèle se compose de :
4 pompons ronds
6 pompons fuselés

Gabarits utilisés *(voir p. 34-35)* :
A *tête*
C *museau*
D *oreilles*
E *corps*
F *pattes avant*
G *pattes arrière*
K *queue*

La tête

Confectionnez la tête, le museau et les oreilles. Assemblez ces pompons ronds entre eux *(voir page 5 et schéma ci-dessous)*. Taillez-les.
Cousez les yeux et collez le nez.
Cousez le brin de laine noire pour représenter la bouche.

Le corps

Faites le corps, les pattes avant, les pattes arrière et la queue.
Assemblez les différentes parties en vous reportant au schéma de montage ci-dessous.
Recourbez délicatement les armatures pour donner au bébé ours une position naturelle et procédez à la taille définitive de l'animal.

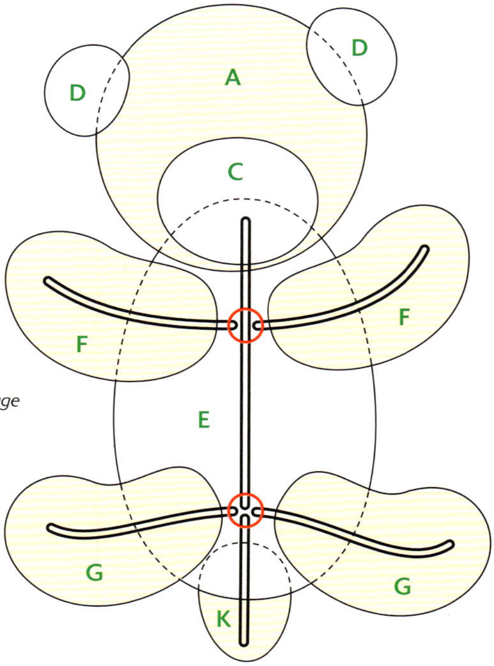

Schéma de montage

L'éléphant

Hauteur : 18 cm

En 2003, la population totale des éléphants d'Asie a été estimée à un peu plus de 40 000, dont 23 000 éléphants sauvages en Inde. Au Sri Lanka, où il existe une forme plus petite, il en reste 2500 à 4000 et moins de 700 à Sumatra, où les éléphants se distinguent par leurs grandes oreilles.
En 1997, on comptait encore16 000 éléphants domestiqués dans le sud-est asiatique, mais ces éléphants sont maintenant remplacés par des machines et leur avenir est devenu incertain.

Les éléphants d'Asie ont été classés comme « en danger » sur la liste rouge de l'UICN*, car leur nombre a été réduit de moitié en 75 ans. La dégradation, la fragmentation de leur habitat et les conflits qu'ils créent lorsqu'ils dévastent les récoltes, menacent sérieusement leur avenir.

L'éléphant d'Afrique, le plus grand des animaux sur la terre, est moins menacé mais il est « vulnérable ». L'étendue considérable de sa répartition et la diversité de son habitat ne permettent pas de connaître avec précision le nombre des éléphants d'Afrique mais il a probablement diminué d'un quart ces 25 dernières années.

Traditionnellement, le braconnage pour l'ivoire et la viande était la cause principale de son déclin mais la diminution et la fragmentation de son habitat, dus à l'augmentation de la population et des terrains agricoles, notamment en Afrique centrale, constituent une menace de plus en plus importante.

* *Union Internationale pour la Conservation de la Nature*

- *6 pelotes de laine grise*
- *16 x 6 cm de feutrine fine grise*
- *2 yeux bleus en plastique avec paupières de Ø 12 mm*
- *de la colle universelle*
- *une aiguille de tapissier*
- *du fil de fer de Ø 1 mm*

Ce modèle se compose de :
2 pompons ronds
6 pompons fuselés

Gabarits utilisés *(voir p. 34-35)* :
C *joues*
E *corps*
F *pattes avant*
G *pattes arrière*
K *tête et trompe*

La tête

Confectionnez 2 pompons sur le gabarit **C**.
Faites la tête et la trompe sur le gabarit **K**.
Recourbez très délicatement la trompe en lui donnant une forme de S.
Cousez les joues de part et d'autre de la tête.
Reportez deux fois le patron de l'oreille sur la feutrine grise.
Découpez les formes et cousez-les. Enfin, collez les yeux.

Le corps

Faites le corps, les pattes avant et les pattes arrière.
Coupez 8 brins de laine et confectionnez une cordelière *(voir page 33)* pour représenter la queue.
Cousez-la au corps.
Assemblez les différentes parties de l'éléphant en vous reportant au schéma de montage ci-dessous.
Recourbez délicatement les armatures pour maintenir l'animal dans une position debout. Finalisez la taille.

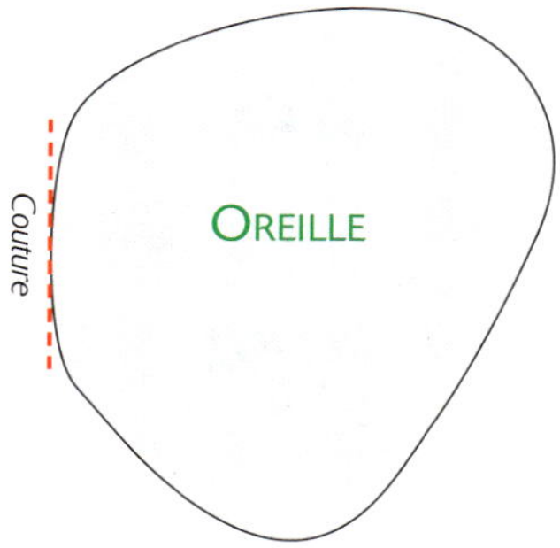

Patron à échelle 1/2
Agrandissez à 200%

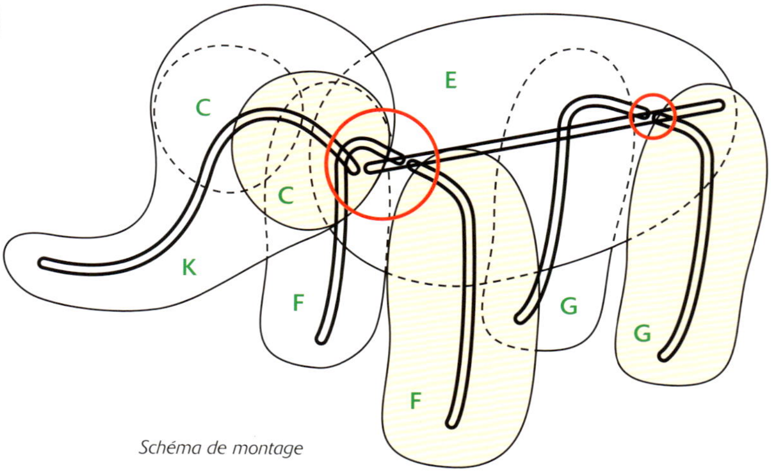

Schéma de montage

L'écureuil

Hauteur : 24 cm

Roux ou brun, avec sa longue queue touffue et des pinceaux de poils au bout des oreilles, c'est un grand mangeur de noisettes, de noix et de pommes de pin qui peut effectuer des sauts de plusieurs dizaines de mètres.

L'écureuil roux est protégé dans toute l'Europe et figure sur la liste rouge de l'UICN* comme espèce peu menacée, bien qu'il ait été remplacé en grande partie en Grande-Bretagne et dans le nord de l'Italie par l'écureuil gris, importé des États-Unis.

* *Union Internationale pour la Conservation de la Nature*

- *5 pelotes de laine marron, 2 blanches*
- *8 x 6 cm de feutrine fine marron*
- *7 x 5 cm de feutrine épaisse marron clair*
- *2 yeux noirs en verre de Ø 12 mm*
- *un nez en velours marron de 15 mm de largeur*
- *un brin de laine marron, pour la bouche*
- *de la colle universelle*
- *une aiguille de tapissier*
- *du fil de fer de Ø 1 mm*

Ce modèle se compose de :
10 pompons fuselés

Gabarits utilisés *(voir p. 34-35)* :
E *corps*
F *ventre*
G *pattes arrière*
I *pattes avant et menton*
J *tête*
K *queue*

La tête

La tête se compose de 2 pompons fuselés.

Confectionnez un pompon sur le gabarit **J** en marron et un autre sur le gabarit **I** en blanc. Assemblez-les *(voir page 7)*.

Reportez le patron de l'extérieur de l'oreille sur la feutrine marron et le patron de l'intérieur sur la feutrine marron clair. Découpez les formes et assemblez-les en les collant. Confectionnez une seconde oreille identique.

Cousez les yeux, les oreilles et collez le nez.

Cousez le brin de laine marron pour représenter la bouche *(voir photo)*.

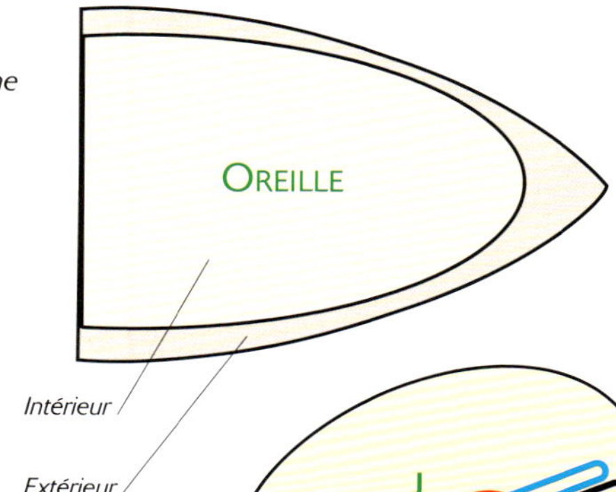

Patrons
à taille réelle

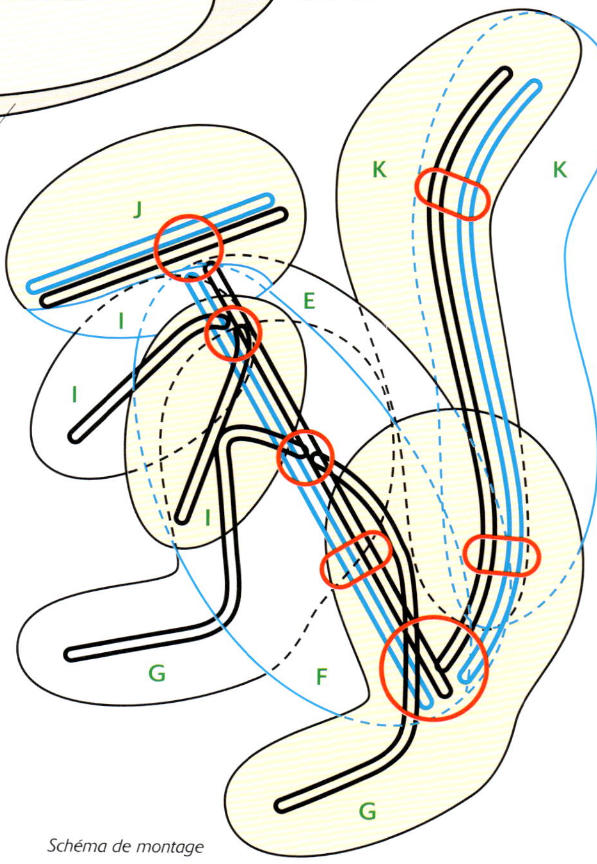

Schéma de montage

Le corps

Faites le corps **E** en marron, le ventre **F** en blanc, les pattes avant **I** et les pattes arrière **G** en marron.

La queue est bicolore. Pour cela, confectionnez un pompon fuselé sur le gabarit **K** en blanc et un autre en marron. Assemblez-les entre eux *(voir page 7)* et taillez-les.

Assemblez les différentes parties en vous reportant au schéma de montage ci-contre.

Recourbez délicatement les armatures des pattes et de la queue, pour maintenir l'écureuil dans une position assise.

Procédez à une taille finale et minutieuse.

Le panda roux

Hauteur : 40 cm

Le Petit Panda, d'un roux vif, avec une face tachée de blanc et une longue queue annelée, a l'air d'être en peluche.
En couple ou en famille, il habite les forêts de bambous des montagnes, du nord-est de l'Inde au sud-ouest de la Chine.
Il est classé comme vulnérable par UICN*, car sa population est estimée à moins de 10 000 individus et a diminué de près de 30% en 30 ans.
En captivité, il se nourrit de feuilles de bambous, de fruits et de légumes, mais rares sont ceux qui vivent longtemps.

* *Union Internationale pour la Conservation de la Nature*

- *3 pelotes de laine marron, 3 rousses, 1 écrue*
- *un brin de laine noire, pour la bouche*
- *10 x 5 cm de feutrine épaisse écrue*
- *8 x 4 cm de feutrine fine marron*
- *2 yeux marron en verre de Ø 14 mm*
- *un nez en velours noir de 18 mm de largeur*
- *de la colle universelle*
- *une aiguille de tapissier*
- *du fil de fer de Ø 1 mm*

Ce modèle se compose de :
1 pompon rond
7 pompons fuselés

Gabarits utilisés *(voir p. 34-35)* :
A *tête*
E *corps*
F *pattes avant*
G *pattes arrière et queue*
J *museau*

La tête

Réalisez la tête sur le gabarit **A** en mélangeant les coloris marron et roux.
Faites le museau **J** en laine écrue et cousez-le à la tête *(voir* Assemblage d'un pompon rond et d'un pompon fuselé, *en page 5)*. Taillez-le en pointe.
Reportez le patron de l'extérieur de l'oreille sur la feutrine épaisse écrue et le patron de l'intérieur sur la feutrine fine marron. Découpez les formes et assemblez-les en les collant. Confectionnez une seconde oreille identique.
Cousez les yeux, les oreilles et collez le nez.
Cousez le brin de laine noire pour représenter la bouche.
Coupez un faisceau de fils écrus. Passez-les de part et d'autre de la tête, sous les oreilles, à l'aide d'un crochet ou d'un autre outil. Taillez-les.

Le corps

Faites le corps **E**, les pattes avant, les pattes arrière et la queue en prenant les deux coloris marron et roux.

Assemblez les différentes parties *(voir pages 5 et 7)* et reportez-vous au schéma de montage ci-dessous.
Recourbez les armatures pour donner une position naturelle au panda et procédez à la taille définitive de l'animal.

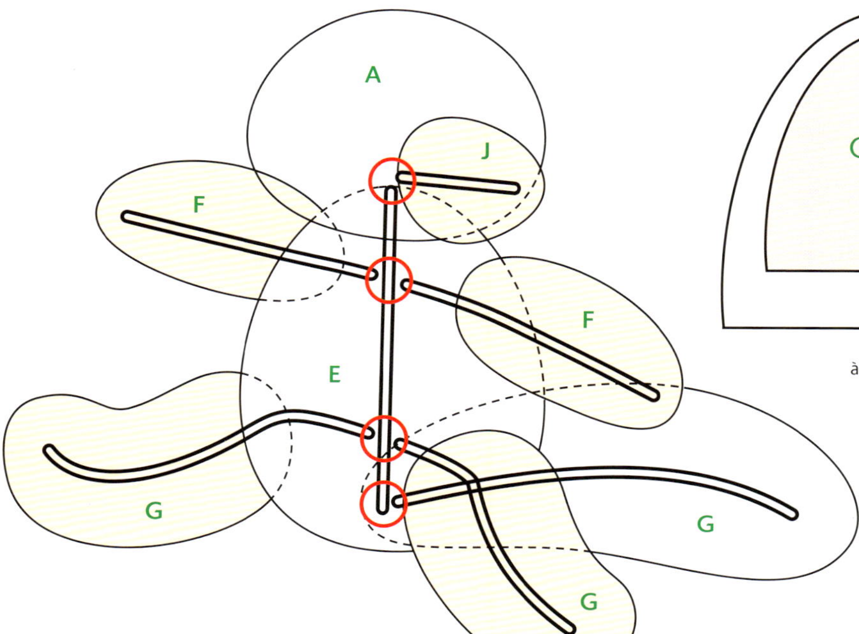

Schéma de montage

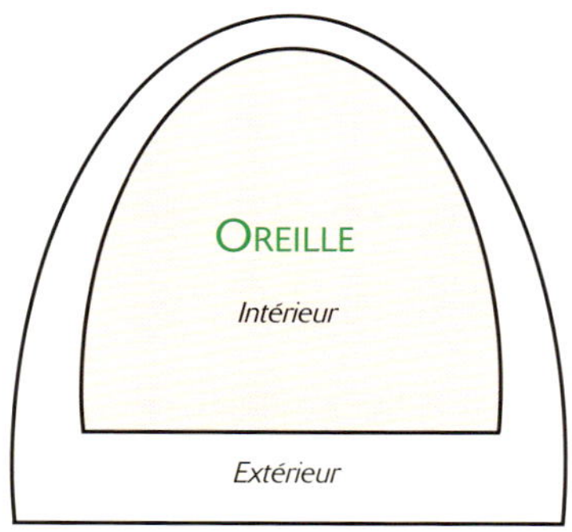

Patrons
à taille réelle

Le bébé phoque

Longueur : 34 cm

Six espèces de phoques sont actuellement chassées, mais les violentes protestations de la communauté internationale, motivées par la cruauté et la brutalité des chasseurs, ont conduit à interdire la chasse aux phoques sur leurs aires de reproduction et de mise à bas, le temps que les jeunes soient sevrés, soit 12 jours.

Le commerce, le troc ou la vente de fourrures des petits phoques, ou blanchons, sont maintenant interdits aux États-Unis.

En 1983, la communauté économique européenne a banni l'importation des blanchons et des dos bleus.

En conséquence, la vente des peaux de phoques dans le monde a considérablement diminué.

- *6 pelotes de laine écrue*
- *quelques brins de laine grise*
- *2 yeux noirs en verre de Ø 14 mm*
- *un nez en plastique noir de 33 mm de largeur*
- *de la colle universelle*
- *une aiguille de tapissier*
- *du fil de fer de Ø 1 mm*

Ce modèle se compose de :
2 pompons ronds
5 pompons fuselés

Gabarits utilisés *(voir p. 34-35)* :
A *tête*
B *museau*
E *corps*
F *nageoires*
J *queue*

La tête

Confectionnez la tête sur le gabarit A et le museau sur le gabarit B. Cousez le museau sur la tête *(voir* Assemblage de pompons ronds, *page 5).* Taillez-les.

Cousez les yeux et collez le nez.

À l'aide de l'aiguille de tapissier, passez quelques brins de laine grise dans le pompon du museau B pour représenter les moustaches et dans le pompon de la tête A pour former les deux petites taches au-dessus des yeux.

Le corps

Faites le corps E et les deux nageoires F.

Confectionnez 2 pompons sur le gabarit J et assemblez-les pour représenter la queue.

Assemblez *(voir page 7)* la queue et les nageoires au corps.

Cousez la tête au corps *(voir* Assemblage d'un pompon rond et d'un pompon fuselé, *page 5)* et reportez-vous au schéma de montage ci-contre.

Recourbez délicatement les armatures du dos du bébé phoque pour lui donner une allure naturelle.

Finalisez la taille.

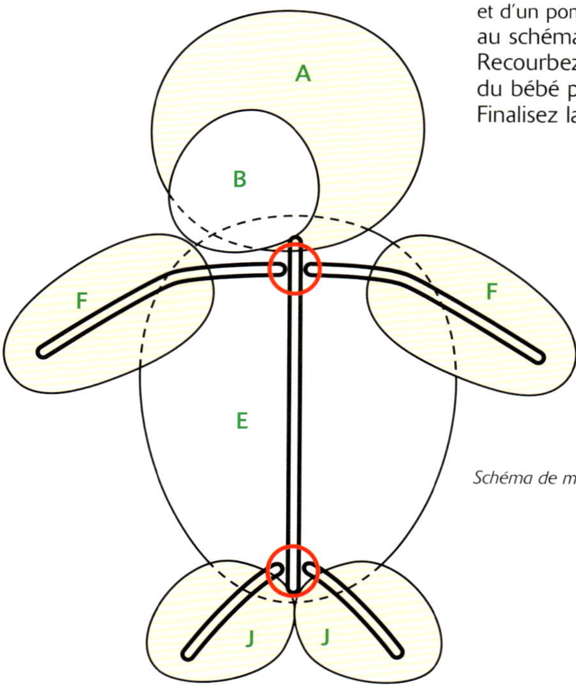

Schéma de montage

- *5 pelotes de laine gris et blanc, 1 blanche*
- *2 yeux ambre en verre de Ø 14 mm*
- *une truffe en plastique noir de 20 mm de largeur*
- *10 x 6,5 cm de feutrine fine grise*
- *8 x 5,5 cm de feutrine épaisse blanche*
- *de la colle universelle*
- *une aiguille de tapissier*
- *du fil de fer de Ø 1 mm*

Ce modèle se compose de :
2 pompons ronds
7 pompons fuselés

Gabarits utilisés *(voir p. 34-35)* :
A *tête*
C *museau*
E *corps*
F *pattes avant, queue et ventre*
G *pattes arrière*

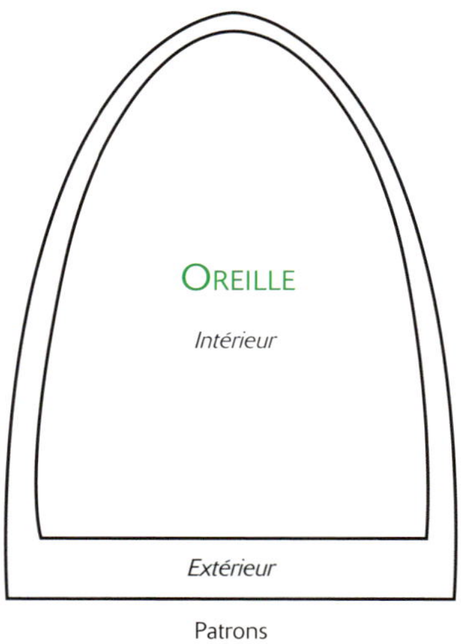

Patrons
à taille réelle

Le bébé loup

Hauteur : 24 cm (assis)

Autrefois le loup gris était le mammifère le plus largement répandu dans le monde, de l'Amérique du Nord, à l'Inde et la Sibérie.

De nos jours, il a disparu du Mexique, d'une grande partie des États-Unis et de la plupart des pays d'Europe. C'est pourquoi les loups sont maintenant protégés presque partout et notamment en Europe.

En France, il est classé vulnérable sur la liste rouge, mais le bétail égorgé, surtout des moutons, et la crainte qu'ils inspirent aux populations entretiennent de très vives polémiques.

En décembre 2000, les battues aux loups, organisées par les communes, ont été jugées incompatibles avec la directive européenne « Habitats ».

La tête

Commencez par confectionner la tête. Pour cela, garnissez le gabarit **A** d'une première épaisseur de laine grise et blanche puis recouvrez le 1/4 du gabarit de laine blanche. Terminez en gris et blanc.

Faites le museau **C** en blanc et cousez-le à la tête *(voir* Assemblage de pompons ronds, *page 5)*. Taillez ces 2 pompons.

Reportez le patron ci-dessous de l'extérieur de l'oreille sur la feutrine fine grise et le patron de l'intérieur sur la feutrine épaisse blanche. Découpez les formes et assemblez-les en les collant.
Collez un brin de laine grise et blanche à l'intérieur de l'oreille.
Confectionnez une seconde oreille identique.

Cousez les yeux, les oreilles et collez le nez.

Le corps

Faites le corps **E**, les pattes avant **F**, les pattes arrière **G** et la queue **F** en gris et blanc. Confectionnez le ventre **F** en blanc.

Assemblez les différentes parties du corps *(voir pages 5 et 7)* et reportez-vous au schéma de montage ci-dessous.

Recourbez délicatement les armatures du bébé loup pour le maintenir dans une position assise.

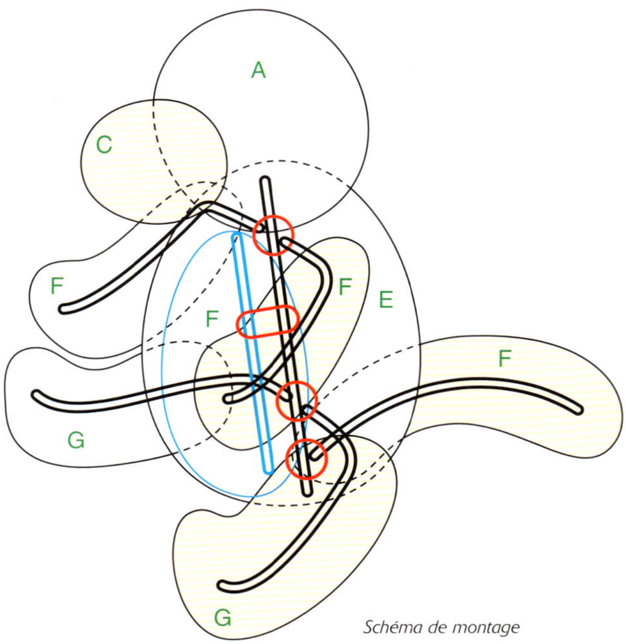

Schéma de montage

Les mésanges

Hauteur : 10 cm

Bleu clair dessus et jaune dessous, la mésange bleue, la tête en bas et le ventre en l'air, recherche parmi les branches des arbres et des arbustes, les insectes dont elle se nourrit.

Son nid de mousse, garni de laine, est placé dans le trou d'un arbre ou d'un mur, parfois dans une boîte à lettres.

Elle n'est pas menacée en France, mais protégée, comme la plupart des oiseaux du pays, et il est interdit de la capturer et de détruire son nid et ses œufs.

Pour une mésange

- *de la laine bleu marine, blanche, jaune, verte, bleue*
- *2 yeux noirs en verre de Ø 8 mm*
- *un brin de laine noire, pour le bec*
- *un morceau de fil chenille noir, pour le bec*
- *de la colle universelle*
- *une aiguille de tapissier*

Chaque oiseau se compose de :
2 pompons ronds

Gabarits utilisés *(voir p. 34-35)* :
B *corps*
C *tête*

La tête

Garnissez une première épaisseur sur le gabarit C avec la laine bleu marine. Continuez à recouvrir 1/4 du gabarit avec la laine blanche et les 3/4 restants avec le fil bleu marine.
Coupez un morceau de fil chenille de 4 cm de longueur, pliez-le en deux et recouvrez-le avec le brin de laine noire.
Collez-le bec ainsi obtenu et cousez les yeux.

Le corps

Garnissez une première épaisseur sur les 3/4 de la surface du gabarit B avec la laine bleu marine et le 1/4 restant en mélangeant les coloris vert, bleu, jaune.
Terminez en jaune.

Coupez 3 faisceaux d'une quinzaine de brins de laine de 15 cm de longueur en mélangeant les coloris bleu, vert, jaune et blanc.
Pliez-les en deux, attachez-les avec un nouveau brin de laine.
Cousez-les au niveau des ailes et de la queue de l'oiseau.

Assemblez la tête C et le corps B
(voir schéma ci-contre et Assemblage de pompons ronds, *page 5).*

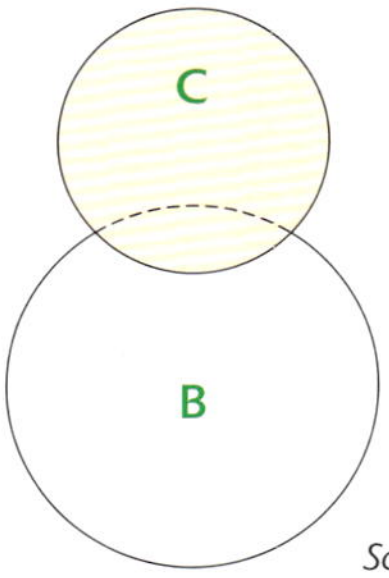

Schéma de montage

La mantelle

13 cm de hauteur

La Mantelle Dorée de Madagascar est une petite grenouille de 2 à 3 cm, dont la couleur des adultes est jaune, orange ou rouge et celle des juvéniles verte ou noire.

Comme leurs cousins d'Amérique du sud, les Dendrobates aux vives couleurs, leur peau est chargée de sécrétions hautement toxiques.

Les Mantelles habitent les clairières ensoleillées de la région de Torotorofotsy, au nord-ouest d'Andasibe, et la forêt d'Andromena, sur la rivière Samarirana, toutes situées à l'est du centre de Madagascar.

Elles sont actuellement en très grand danger, car les forêts où elles vivent ont une étendue inférieure à 10 km² et sont menacées par les incendies, les coupes de bois et la mise en culture de nouveaux terrains.

De plus, les adultes sont récoltés pour être vendus aux amateurs de terrariums des pays les plus développés.

- *2 pelotes de laine rouge*
- *un brin de laine noire, pour la bouche*
- *2 yeux noirs en verre de Ø 12 mm*
- *4 brins de fil chenille rouge*
- *une aiguille de tapissier*
- *du fil de fer de Ø 1 mm*
- *de la colle universelle*

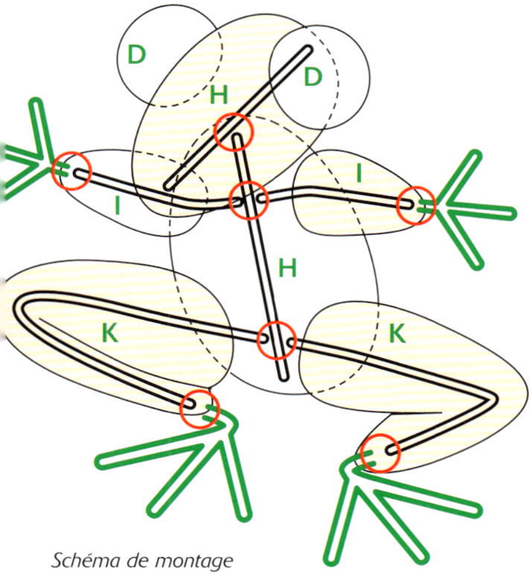

Schéma de montage

Ce modèle se compose de :
2 pompons ronds
6 pompons fuselés

Gabarits utilisés *(voir p. 34-35)* :
D *globes oculaires*
H *tête et corps*
I *membres antérieurs*
K *membres postérieurs*

La tête

Confectionnez-la en garnissant le gabarit **H** de laine rouge.
Faites les 2 globes oculaires **D**. Cousez les yeux en verre sur chacun d'eux.
Cousez ces globes de chaque côté de la tête *(voir* Assemblage d'un pompon rond et d'un pompon fuselé, *page 5)*.
Cousez le brin de laine noire pour représenter la bouche.

Le corps

Confectionnez le corps sur le gabarit **H**, les membres antérieurs sur le gabarit **I** et les membres postérieurs sur le gabarit **K** jusqu'au repère **x** *(voir page 35)*.

Assemblez *(voir page 7)* les différentes parties de l'animal et reportez-vous au schéma de montage ci-dessus.
Recourbez très délicatement les armatures des membres postérieurs.
Formez les pattes avec les brins de fil chenille.
Nouez-les ou collez-les à l'extrémité de l'armature de chaque membre.
Procédez à une taille minutieuse et définitive.

Réalisation d'une cordelière

1

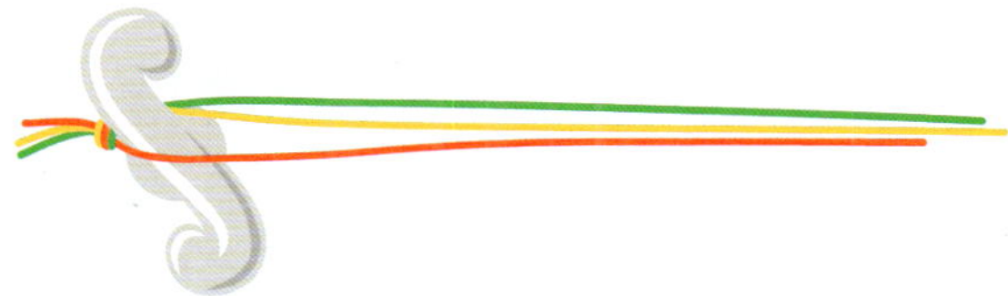

- Coupez 8 brins d'environ 1,50 m de longueur (de couleurs identiques ou différentes).
- Rassemblez ces brins par un nœud à une extrémité.
- Maintenez les brins par ce lien sur un support ouvert (poignée de porte ou espagnolette).

2

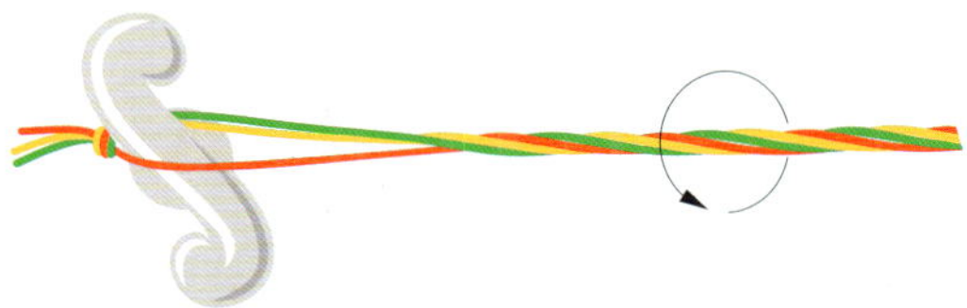

- Tortillez les brins en les serrant bien, avec les doigts, sur toute leur longueur sans les lâcher.

3

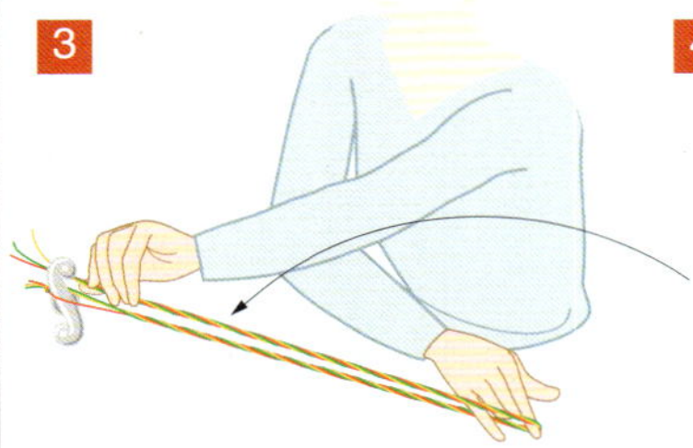

4

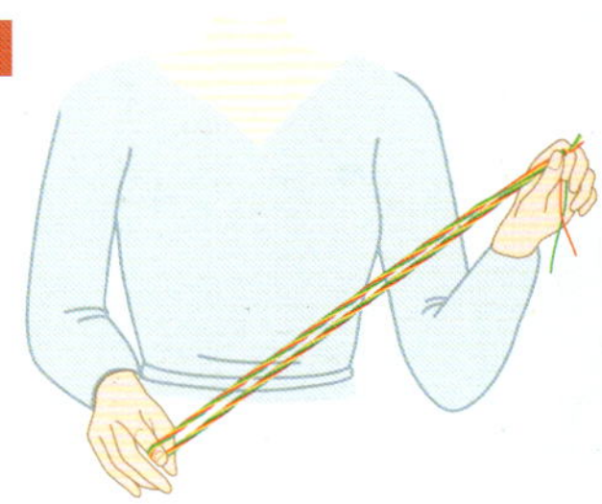

- Repliez l'ensemble en deux, en tenant les brins bien tendus avec un doigt au niveau de la pliure et en ôtant la partie maintenue sur le support.

5

- Lâchez en lissant, afin d'obtenir une torsion régulière.
- Arrêtez le travail en faisant un nœud bien serré et coupez au ras.

Gabarits

Ils sont tous identifiés par des lettres
et peuvent avoir des usages différents selon les modèles.

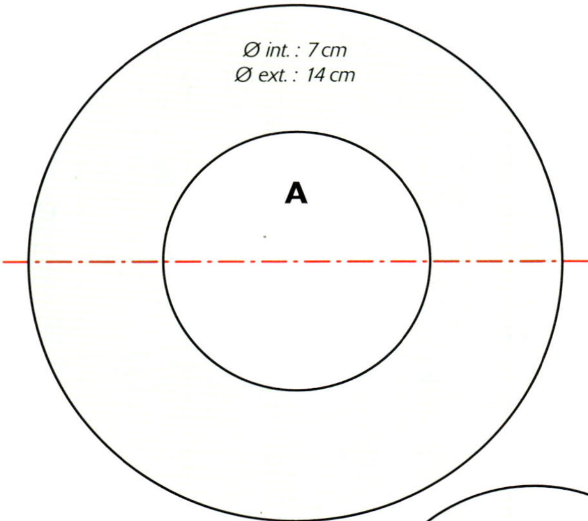

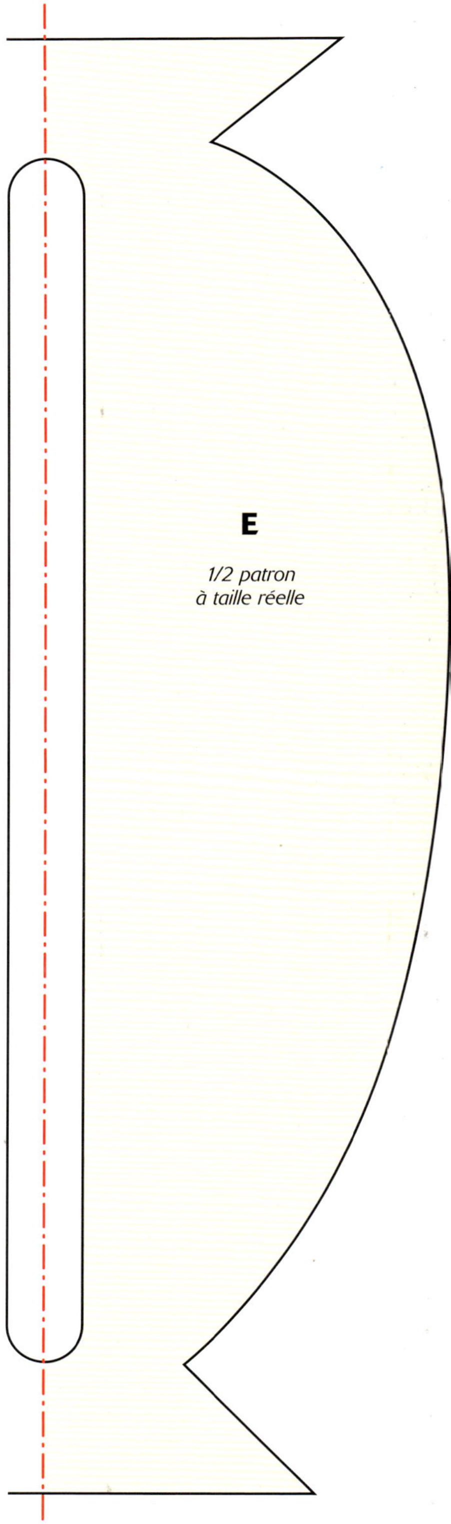

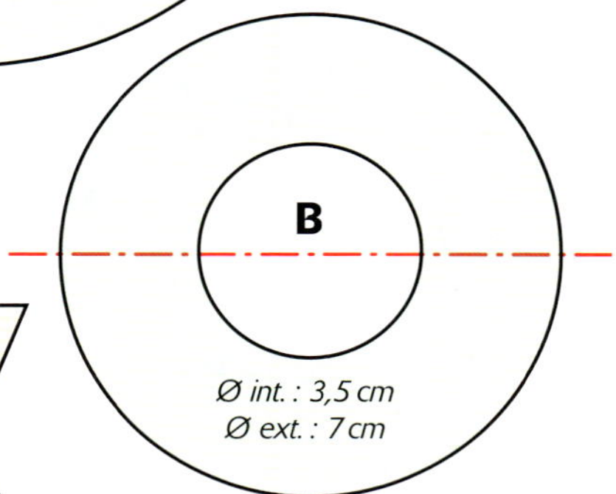

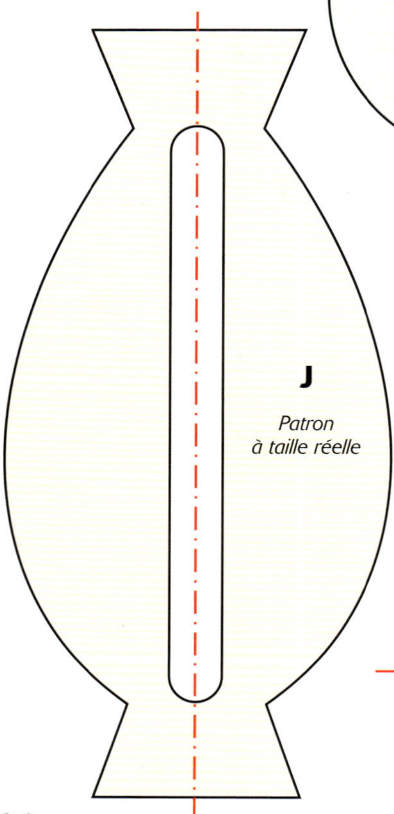

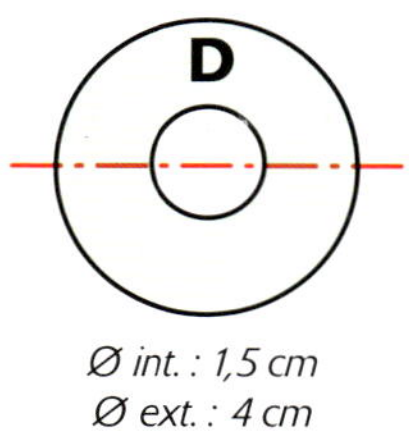

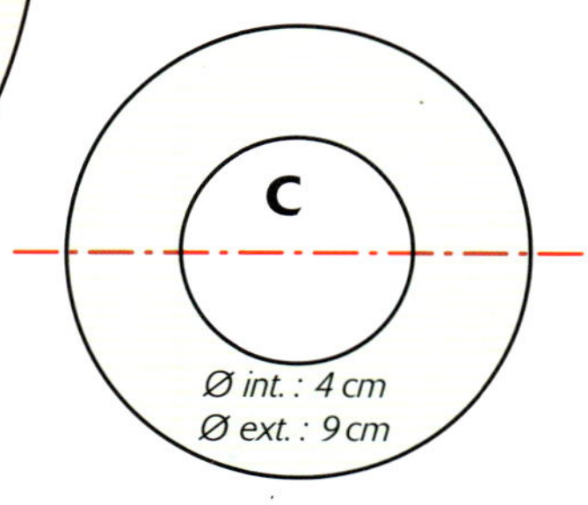

Les gabarits ronds
A, **B**, **C** *et* **D**
sont tous à l'échelle 1/2.
Agrandissez-les à 200%
ou bien tracez-les à l'aide d'un compas.